Gabrielle C. J. Couillez

Der Wurzelzwerg und die Windfee

Illustriertes Märchen

Bibliografische Information der Deutschen Nationalbibliothek:
Die Deutsche Nationalbibliothek verzeichnet diese Publikation in der Deutschen
Nationalbibliografie; detaillierte bibliografische Daten sind im Internet über
http://dnb.dnb.de abrufbar.

www.gabrielle-c-j-couillez.jimdofree.com

Herstellung und Verlag: BoD – Books on Demand, Norderstedt

ISBN: 978-3-7504-2318-3

umps! – Polternd ist der Türstein vor den Eingang der Wohnhöhle gerollt. So fest hat Schrumpel den Stein angestoßen, dass der ganze Baumstumpf noch von dem Aufschlag zittert.

„Schrumpel! Bleib jetzt hier, es wird doch schon hell!", hört der Wurzelzwerg seine Mutter drinnen rufen; und sein kleiner Bruder weint schon wieder.

„Nein! Das ist mir sowieso egal! Ihr könnt mich alle mal an der Nase kitzeln!", schimpft Schrumpel und kämpft sich wütend durch die Berge von trockenem Laub am Waldboden, so dass es gerade so zur Seite fliegt, als wenn ein Wildschwein mit seinem Schnüffel darin wühlen würde. Vor sich hin brummelnd läuft er zum Bach und es ist ihm jetzt einfach völlig gleichgültig, ob es hell wird und ihn vielleicht die Menschen entdecken könnten. Überhaupt sind ihm alle einerlei: Mama, Papa und auch sein kleiner Bruder, der noch so klein ist, dass er in einer Wiege aus Kastanienblättern schlafen kann.

Schrumpel setzt sich am Ufer nieder und starrt traurig in das plätschernde Wasser. Schillernd und glitzernd sucht sich der Bach seinen Weg um die Steine herum. Ist das schon die Sonne, die das Wasser glänzen lässt oder liegt dies etwa an den Tränen, die dem Zwerg in den Augen stehen? Ein bisschen mulmig wird es Schrumpel jetzt schon, so ganz alleine hier draußen im Wald und noch dazu in der Morgendämmerung.

„Was soll's! Die interessieren sich doch sowieso nicht mehr für mich, seit mein kleiner Bruder auf der Welt ist!", motzt Schrumpel lauthals und pfeffert wütend einen kleinen Stein in den Bach, dass das Wasser nur so spritzt.

„Wieso hast du mich gerufen?", flüstert es hinter Schrumpel und ein sanfter, warmer Windhauch streift sein Ohr.

Erschrocken fährt Schrumpel herum und blickt in das fast durchsichtige, aber wunderschöne Gesicht einer Fee, die mit unhörbarem Flügelschlag hinter ihm schwebt. Seine Stimme bleibt ihm im Hals stecken und nur seltsame Laute kommen aus seinem offenstehenden Mund.

Wie gebannt starrt er dieses zarte, fast gläserne Wesen an, so, als wäre sie ein Traum. Bisher hatte er noch nie eine Fee aus der Nähe gesehen und erst recht nicht mit einer gesprochen. Sein Vater hatte ihm einmal erklärt, dass die Feen nicht allzu viel mit den Wurzelzwergen zu tun haben wollten. Außerdem kümmern sich die Zwerge sowieso nur um die Natur im Boden: die Steine, Erze, Kristalle und so weiter, damit die Erde stark und die darin wurzelnden Pflanzen standhaft bleiben können. Die Feen dagegen hüten all die anderen Elemente des Lebens: Feuer, Wasser und Luft.

„Wieso hast du mich gerufen?", reißt die säuselnde Stimme der Fee den verträumten Schrumpel wieder aus seinen Gedanken. Sie

flattert um den Wurzelzwerg herum und schwebt nun direkt vor ihm. Schrumpel blickt in ihr sanftes Antlitz und denkt: Sie sieht so erwachsen aus, dabei ist sie nur halb so groß wie ich.

„Wieso hast du mich gerufen?", fragt die Fee nun zum dritten Mal, aber immer noch freundlich.

„Ich habe dich nicht gerufen", antwortet Schrumpel erstaunt.

„Doch, das hast du. Du hast meinen Namen gerufen. Ich habe es ganz deutlich gehört."

„Wie sollte ich dich rufen können, noch dazu mit deinem Namen? Sowieso – kenne ich dich doch gar nicht!" Schrumpel ist nun fast ein bisschen unwirsch. Er hat jetzt sowieso keine Lust mehr auf weitere Diskussionen.

Die Fee lässt sich langsam vor ihm auf einen im Wasser liegenden Zweig nieder und zwinkert Schrumpel mit einem Auge zu. „Ich heiße Sowieso und bin eine Windfee. Du hast wohl nur so wie eine Grille vor dich hingeplappert und ich dachte, du hättest mich gerufen. Aber wenn ich schon einmal hier bin, darf ich dich dann doch einmal fragen, was du um diese Zeit hier draußen noch tust?"

Schrumpel schaut verlegen auf seine Füße und kickt einen kleinen Stein weg. Er wäre jetzt zwar lieber allein, aber trotzdem – irgendwie mag er die Gesellschaft der Fee, auch wenn sie einen so komischen Namen hat. Er möchte sie gerne näher kennen lernen.

„Ich heiße Schrumpel und wohne gleich da hinten unter dem alten Baumstumpf von der abgebrannten Buche."

„Wieso bist du nicht Zuhause? Gleich wird es hell und deine Mutter macht sich bestimmt schon Sorgen."

„Ich kann da jetzt nicht hingehen", antwortet der Wurzelzwerg beschämt. Dann kommt die Wut wieder in ihm hoch: „Außerdem sorgen die sich doch sowieso nur um meinen kleinen Bruder!"

„Ah", bemerkt die Windfee mit einem verstehenden Gesichtsausdruck.

Schweigend sehen sich die beiden an. Schrumpel schämt sich ein bisschen mit seinen verschlissenen Grashosen und dem sandigen Moospulli. Bewundernd betrachtet er ihr zartes Kleid aus hellblauen Spinnweben, in dem jetzt der Morgentau glitzert. Er räuspert sich, nimmt seinen ganzen Mut zusammen, um die Stille zu brechen und fragt: „Wo wohnst du? – Ich habe dich noch nie gesehen. Ich habe überhaupt noch nie eine Fee aus der Nähe gesehen."

„Ich wohne in dem Luftschloss über dem Baumwipfel der großen Tanne neben der Waldlichtung – zusammen mit meinen Eltern und fünf Schwestern."

„Sapperlott!", ruft Schrumpel erstaunt aus. „Wie kommst du so hoch hinauf?"

„Ich kann doch fliegen", lacht Sowieso und zeigt Schrumpel ihre Flügel, die ein wenig wie die der Schmetterlinge aussehen. Schrumpel wird rot, weil er so dumm gefragt hat. Verlegen stellt er eine neue Frage:

„Wieso hast du einen so komischen Namen?"

„Wieso ist mein Name komisch? Ist ‚S c h r u m p e l' vielleicht schöner?", entgegnet die Windfee prompt.

Hoppla! Jetzt ist Schrumpel mit seinem vorlauten Mundwerk schon wieder in ein Fettnäpfchen getreten und er wird nun so rot, dass seine großen Ohren wie Glühwürmchen leuchten.

Sowieso lächelt ihn freundlich an und erklärt geduldig: „Ich heiße Sowieso, weil mein Name sich anhört wie das sanfte Säuseln des Windes. Außerdem bedeutet es, wenn man ‚sowieso' sagt, dass man glaubt, etwas nicht ändern zu können und darüber unglücklich oder trotzig ist. Der Wind aber ändert alles. Wo immer er vorbeizieht, ist nichts mehr so, wie es zuvor war."

Schrumpel nickt zustimmend: „Wirklich – du hast recht. Wenn man es so sieht, hast du einen wunderschönen Namen, viel schöner als meiner."

„Dein Name ist auch sehr hübsch und passt gut zu dir", gesteht die Fee jetzt. „Es war nicht nett von mir, dir so tadelnde Widerworte zu geben. Verzeih mir, ich war ein bisschen beleidigt."

„Ich muss mich entschuldigen. Ich kann mich einfach nicht benehmen", gibt Schrumpel kleinlaut zu.

Die beiden sehen sich an und müssen nun herzlich lachen. Sowieso fällt dabei fast von ihrem Zweig und der Wurzelzwerg hält sich den Bauch.

„Es wird jetzt wirklich Zeit, dass wir gehen", unterbricht die Windfee schließlich ihr Gelächter. „Können wir uns heute Nacht wieder hier treffen?"

„Ja, sehr gerne. Aber ich traue mich immer noch nicht nach Hause. Ich war nämlich ziemlich frech zu meiner Mama. Deshalb kann ich ihr einfach nicht in die Augen sehen."

„Deine Mama wird sicher froh und erleichtert sein, wenn du heimkommst. Du musst dich eben entschuldigen und ihr eine Freude machen, dann wird alles wieder gut", rät ihm Sowieso verständnisvoll.

„Das sagst du so einfach!", entgegnet Schrumpel niedergeschlagen.

Die Fee überlegt kurz. Dann sagt sie zögernd: „Schrumpel, ich glaube, ich kann dir helfen."

„Ja?" Schrumpels Augen beginnen hoffnungsfroh zu leuchten.

„Du hast doch bestimmt schon gehört, dass wir Feen zaubern können. Ich kann einen Zauberspruch über dich sprechen, der dir Mut gibt. Dann wird dir alles gelingen!"

„Oh, bitte ja! Tu das. Ich brauche wirklich ein bisschen Zauberei. Alleine kann ich das sowieso nicht", gesteht Schrumpel und ist schon ganz gespannt auf die Magie.

Sowieso erhebt sich vor Schrumpel in die Luft, breitet die Arme aus und sieht hinauf in den Himmel. Mit andächtiger Stimme spricht sie:

„Ich, S o w i e s o, rufe:
Wind komm herbei!
Pfeifend, so wie ein Adlerschrei!"

Prompt wird Schrumpel von einem leichten Windstoß erfasst, der ihm sogar die Blättermütze von seinem Kopf weht. Die Windfee fährt mit beschwörender Stimme fort. Dabei saust sie durch die Luft, als wäre sie ein lebendiger Rührbesen.

„Der Wind flüstert dir ins Ohr:
Vertrauen und Mut kommt hervor!
Sei voller Zuversicht,
denn sowieso vergisst du nicht,
dass alles verändert sich,
rufst du mich!"

Schrumpel ist ganz seltsam zumute. Er bemerkt, dass der Wind tatsächlich auffrischt. Durch die Baumkronen über ihnen zieht ein Rauschen und es segeln einige vereinzelte Blätter wie Schneeflocken auf den Boden herunter. Sowieso sieht ihn indes ruhig und lächelnd an. Schrumpel holt tief Luft und denkt:

Irgendwie freue ich mich nun doch auf Zuhause. Bestimmt hat Mama schon einen Eichelbecher voll warmen Kräutertee und eine Scheibe Nussbrot mit Ahornsirup für mich bereitgestellt.

Daraufhin beginnt Schrumpels Magen laut zu knurren und Sowieso prustet lachend heraus: „Jetzt ist es aber wirklich höchste Zeit, dass wir gehen. Zudem ist es schon helllichter Tag! Komm, ich begleite dich!"

Beschwingt springt Schrumpel auf und setzt sich seine Blättermütze wieder auf den Kopf. Schwatzend und lachend gehen die beiden auf den alten Baumstumpf zu, während Sowieso Schrumpels aufgeregte Fragen über die Feenzauberei beantwortet.

Plötzlich stößt sich Schrumpel an etwas Weichem den Kopf und purzelt rücklings ins Laub. Er versinkt ganz und gar in dem trockenen Blättermeer. Sand fällt ihm in die Augen und er kann nichts mehr sehen. Aufgeregt strampelt er mit seinen Beinen und versucht in diesem weichen Laubhaufen wieder festen Boden unter die Füße zu bekommen.

„Schrumpel! Pass auf!", hört er Sowieso noch warnend rufen, aber irgendetwas hat ihn schon an seiner langen Nase gepackt und hebt ihn hoch in die Luft!

Als er endlich die Augen öffnet, erkennt er mit großem Schrecken, was passiert ist: Eine Menschenfrau hat ihn gefangen! Eines von diesen schrecklichen Wesen, die alles besitzen müssen, was sie in ihre fürchterlich großen Hände kriegen! Schrumpel wird fast ohnmächtig vor Angst. Er will sich winden und mit Strampeln und Zwicken aus dem Griff dieses Riesenweibes befreien, aber seine Muskeln versagen und er hat keine Kraft mehr. Ehe er sich versieht, steckt er in einem fest verknoteten Stoffbeutel.

owieso hat mehr Glück. Sie kann sich durch ein blitzschnelles Flugmanöver retten, als sie sieht, woran sich Schrumpel gestoßen hat. Die Menschenfrau hatte sich nämlich gerade in die Hocke gebückt, um einen schönen, schmackhaften Steinpilz abzureißen, als Schrumpel mit seiner Stirn

geradewegs gegen den Po der Pilzsammlerin lief. Durch den kleinen Schubs aufmerksam geworden, hat sich die Frau in Windeseile umgedreht und gesucht, was sie da im einsamen Wald angerempelt hat. Da ist ihr natürlich sofort der strampelnde Wurzelzwerg im raschelnden Laub aufgefallen.

Atemlos sitzt die Windfee nun auf einem Tannenzweig und beobachtet entsetzt das weitere Geschehen von oben. Sowieso sieht, wie die Frau den kleinen Wurzelzwerg, in einem Stoffbeutel verpackt, in ihren Korb legt und sich mit großen Schritten davon macht. Die Windfee weiß sich keinen besseren Rat, als der Frau unauffällig zu folgen. Mit lautlosem Flügelschlag, immer in den Baumkronen hoch über der Menschenfrau, begleitet Sowieso heimlich ihren neuen Freund. Der Arme wird im Korb mächtig durchgeschüttelt, weil die Frau so hastig läuft. Bald sind sie aus

dem Wald und sie folgen einem breiten Weg. Sowieso kann sich nun nicht mehr zwischen Zweigen und Blättern verstecken. Aber glücklicherweise gibt es genügend Büsche und hohes Gras am Wegesrand. Nachdem die Menschenfrau einen letzten Hügel erklommen hat, sehen sie ein Dorf vor sich in der Herbstsonne liegen. Sowieso stockt der Atem. Sie hört von Schrumpel im Korb keinen Laut. Wie soll sie ihm nur helfen? Ihre Zaubersprüche wirken in solchen Fällen nicht. Alles was sie kann, ist den Wind herbei zu rufen.

Die Frau eilt weiter auf die Häuser zu. Sowieso überlegt noch, wie sie sich im Menschendorf verstecken soll, da macht die Frau schon vor einem der ersten Häuser halt. Sie geht hinein und schlägt direkt vor Sowiesos Nase die Tür zu. Sowieso fliegt daraufhin zum Fenster und setzt sich in einen Blumentopf, der davor auf dem Sims steht. Sie hat einen guten Blick in die Stube der Frau und beobachtet, wie diese ein großes Glasgefäß vom Schrank herunterholt, den Beutel mit Schrumpel packt, den Knoten öffnet und den hilflosen Wurzelzwerg in das bauchige, kalte Glas purzeln lässt. Noch bevor Schrumpel weiß, wie ihm geschieht, ist sein Gefängnis mit einem dicken Korken fest verschlossen.

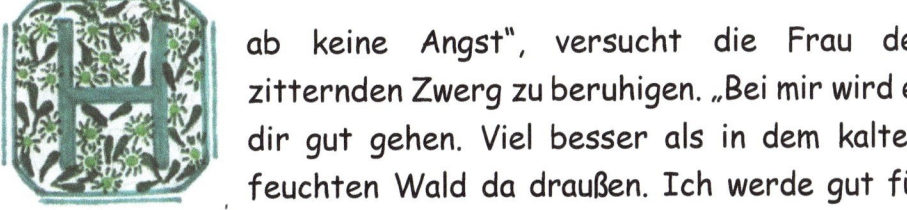ab keine Angst", versucht die Frau den zitternden Zwerg zu beruhigen. „Bei mir wird es dir gut gehen. Viel besser als in dem kalten, feuchten Wald da draußen. Ich werde gut für dich sorgen und wir werden viel Spaß zusammen haben." Indessen fängt Schrumpel zu husten an und bekommt ein ganz grünes Gesicht.

„Ach du meine Güte! Ich habe ja ganz vergessen, dass du so keine Luft bekommst! Was mache ich jetzt bloß?", ruft die Frau besorgt aus und beginnt aufgeregt in den Schubladen ihres Schrankes zu wühlen. Endlich hat sie etwas Brauchbares gefunden und sie drückt ein kleines Schilfröhrchen in den Korken, durch das frische Luft in das Glas kommen kann. Dabei plappert die Menschenfrau unentwegt weiter: „So, nun kannst du da erst einmal drin bleiben, bis ich mir sicher bin, dass du nicht mehr wegläufst. Ich bin schon so lange alleine, weißt du? Ha, was für ein Glück, dass ich dich gefunden habe! So einen niedlichen Gefährten hat niemand, den ich kenne!"

Schließlich lässt sie den verzweifelten Schrumpel in seinem Gefängnis alleine und macht sich daran, die Pilze und Beeren aus ihrem Korb zu leeren und zu putzen, während sie fröhlich vor sich hin summt.

Das ist für Sowieso die Gelegenheit, Schrumpel zu zeigen, dass sie ihn nicht verlassen hat. Sie flattert und winkt wie wild vor dem Fenster herum, bis Schrumpel sie entdeckt. Dem unglücklichen Zwerg fällt ein Stein vom Herzen. „Sicher wird mich Sowieso gleich mit einem Zauberspruch befreien", denkt er noch, als die Fee ihm nochmals winkt und wegfliegt. Gespannt starrt Schrumpel weiter zum Fenster, aber er sieht sie nicht mehr zurückkommen.

ie Windfee fliegt derweil so schnell wie möglich wieder zurück in den Wald. Die Sonne steht schon hoch.

„Bestimmt ist Schrumpels Familie schon ganz außer sich vor Sorge! Ich muss ihnen dringend Bescheid geben", spricht sie zu sich selbst. Völlig atemlos kommt Sowieso bei dem alten Baumstumpf, Schrumpels Zuhause, an.

„Hallo, hallo! Ist jemand da? Schrumpel ist gefangen worden! - Hallo, halloo!", ruft Sowieso dann so laut sie kann und flattert dabei die ganze Zeit um den Baumstumpf herum.

Endlich regt sich etwas: Papa Wurzelzwerg kommt mit einem dicken Holzknüppel nach draußen gerannt und ist nicht wenig erstaunt, als er eine Windfee um sein Haus fliegen sieht.

„Hey, was ist passiert? Habe ich richtig gehört? Mein Sohn ist gefangen?", fragt er ungläubig mit seiner tiefen Stimme.

„Ja", antwortet Sowieso traurig und lässt sich neben dem Wurzelzwerg auf dem Boden nieder.

Da kommt auch schon Mama Wurzelzwerg mit Schrumpels kleinem Bruder auf dem Arm unter dem Baumstumpf hervor und schluchzt: „Uhuhuhu! Wie konnte das bloß passieren? Uhuhu!" Sowieso erzählt nun die ganze Geschichte der Reihe nach: Wie sie Schrumpel kennen gelernt hat und wie sie zusammen nach Hause gehen wollten. Wie die Menschenfrau ihn schließlich gefangen und eingesperrt hat.

Papa Wurzelzwerg will danach von Sowieso ganz genau wissen, wie es in dem Haus der Menschenfrau aussieht. Schließlich setzt er sich auf ein Mooskissen und wird ganz still. Tiefe Falten graben sich in seine erdverschmierte Stirn und er stützt sein Kinn nachdenklich auf seinen Knüppel. Sowieso nimmt daraufhin Mama Wurzelzwerg tröstend in den Arm und begleitet sie nach drinnen in die Wurzelhöhle.

chrumpel hockt währenddessen tief traurig in seinem Glas und hat Heimweh. Alle seine Untaten fallen ihm wieder ein und es tut ihm unendlich leid, seine Familie so oft schlecht behandelt zu haben. Sogar seinen kleinen Bruder, der eigentlich ein niedlicher kleiner Kerl ist, hat er schon zum Weinen gebracht, als er ihm seine Rassel weggenommen und zertreten hat.

„Ach, wenn ich hier je wieder herauskomme, werde ich meinem Bruder eine neue und viel schönere Rassel schnitzen", seufzt er.

Nach einiger Zeit beginnt er neugierig seine Umgebung zu betrachten. Von seinem Platz aus hat er einen guten Überblick. Er sieht die Menschenfrau neben sich am Tisch sitzen und einen Teller Suppe essen. Schrumpel muss grinsen. „Wenn Mama hören könnte, wie diese Frau isst, würde sie fürchterlich mit ihr schimpfen. Man könnte fast meinen, Papa säße hier und würde so laut schlürfen!"

Die Menschenfrau bemerkt, wie Schrumpel sie beobachtet und reißt ein Stück von ihrem Brot ab. „Ach du Armer, hast du Hunger? Guck mal, hier habe ich etwas Leckeres für dich." Mit diesen Worten tunkt sie das Brot in ihre Suppe und zieht den Korken aus dem Glas.

Für einen Augenblick kommt Hoffnung in Schrumpel auf. „Hurra", denkt er, „vielleicht kann ich so entwischen!" Er streckt sich nach oben. Doch selbst wenn er hochspringt, kommt er nicht an die Öffnung heran. Das Brotstück plumpst neben ihm auf den Glasboden. Der Duft des Brotes steigt Schrumpel in die Nase und erinnert ihn an seinen leeren Magen. Gierig pult er eine Krume aus dem Stück und steckt sie sich in den Mund.

„Nun, man kann es essen. Jedoch – es ist lange nicht so lecker wie Mamas Nussbrot", denkt der Wurzelzwerg und bohrt sich noch eine Krume aus dem Stück. Während er kaut, betrachtet er den Korken, der über ihm wieder sein Gefängnis verschließt. Und als die Frau vom Tisch aufsteht und ihren Teller wegbringt, versucht Schrumpel heimlich an den Korken zu kommen. Er hüpft so hoch er kann, aber er reicht noch nicht einmal mit den Fingerspitzen heran. Er zieht seine Holzschuhe aus, um besser die glatte Wand emporklettern zu können. Doch er rutscht immer wieder nach unten und plumpst mit dem Hosenboden auf das harte, kalte Glas. Schrumpel gibt auf und hockt sich wieder unglücklich hin. Er hat nur eine Hoffnung: Vielleicht ist Sowieso weggeflogen, um Hilfe zu holen...

ur gleichen Zeit machen sich die Wurzelzwerge und Sowiesos Familie auf den Weg in das Menschendorf. Papa Wurzelzwerg schultert schwungvoll einen schweren Sack mit allerlei Werkzeug, Haken und Seilen. Mama Wurzelzwerg hat für alle Proviant in ihren Tragekorb gepackt und natürlich auch Schrumpels kleinen Bruder dabei. Die Windfeefamilie hat ihren magischen Zauberstab für richtig guten Wind und ein ausgedientes Vogelnest zum Transport der Wurzelzwerge mitgebracht. Nun kann es losgehen!

Die Wurzelzwerge steigen in das Vogelnest, und die Windfeen heben es sanft an und tragen es gemeinsam durch die Luft. Nur Sowieso fliegt voraus, um den Weg zu zeigen. Dabei hält sie ehrfürchtig den Zauberstab der Familie. Sie steigen hoch bis über die höchsten Baumwipfel. Mama Wurzelzwerg traut sich gar nicht, über den Rand ihres bequemen Fluggefährts zu blicken.

„Oh, Mann, mir wird ja ganz schlecht!", stöhnt sie und schließt die Augen.

„Frau, sieh doch nur, diese herrliche Aussicht! So etwas kriegst du so schnell nicht mehr geboten!", ruft Papa Wurzelzwerg begeistert aus. Er zupft Mama immer wieder am Ärmel und meint: „Mach doch die Augen auf. Wann kannst du dir schon die Welt von so hoch oben betrachten!"

Dennoch, nichts kann Mama Wurzelzwerg reizen. Sie bleibt unbeweglich mit geschlossenen Augen sitzen – stöhnt und flüstert nur: „Hoffentlich ist es gleich vorüber – hoffentlich ist es gleich vorüber…"

Schnell hat die kleine Schar das Menschendorf erreicht. Papa Wurzelzwerg bestaunt den wunderschönen Sonnenuntergang am

Horizont. Die Windfeefamilie beratschlagt sich, wo sie zusammen den Schutz der Nacht abwarten können und Sowieso zeigt ihrem Vater das Haus der Pilzsammlerin. Auf einer Linde in der Nähe des Hauses setzen die Feen dann sanft das Nest mit den Wurzelzwergen ab und machen es sich zuerst einmal bequem, um das weitere Vorgehen zu planen und sich für die notwendigen Anstrengungen zu stärken. Mama Wurzelzwerg füttert Schrumpels kleinen Bruder und die Feenmutter setzt sich zu ihr, um ihr Mut zuzusprechen. Danach klettert Papa Wurzelzwerg mit dem Feenvater in den Zweigen der Linde nach unten, um sich genau das Haus der Menschenfrau betrachten zu können.

Schließlich ist es dunkel und Ruhe kehrt in den Häusern der Menschen ein. Die Gassen sind verlassen. Nach und nach verlöschen die Lichter in den Fenstern. Nur aus dem Stubenfenster der Pilzsammlerin dringt noch ein heller Schein.

„Vorwärts!". ruft der Feenvater. Papa Wurzelzwerg winkt ihm zu und springt in das Vogelnest zu Mama, die die ganze Zeit nicht gewagt hat, ihren Sitzplatz darin zu verlassen.

Leise tragen die Feen das Nest zu dem erleuchteten Fensterbrett. Sie ducken sich nebeneinander in den Schatten des Blumentopfes und spähen vorsichtig in das Zimmer. Alle sind erleichtert, als sie Schrumpel in seinem Gefängnis auf dem Tisch stehen sehen. Nur Mama Wurzelzwerg schluchzt verzweifelt auf: „Mein armer Junge! Wie sollen wir ihn da nur herausbekommen?"

„Sei froh, dass er noch hier ist! Die Frau hätte ihn ja in der Zwischenzeit sonst wo hinschaffen können", beruhigt sie Papa Wurzelzwerg.

„Pst, seht doch", flüstert eine von Sowiesos Schwestern und deutet auf die Menschenfrau, die gähnend durch das Zimmer läuft. Sie klopft mit den Fingerspitzen an Schrumpels gläsernes Gefängnis und sagt: „Gute Nacht, mein Kleiner. Morgen habe ich mehr Zeit für dich. Dann wirst du meine Freunde kennen lernen.

Die werden Augen machen! – Aber wenn du weiter so stumm da drin sitzt und mir nichts von euren Schätzen erzählst, verkaufe ich dich an den Apotheker."

„Aha, nun ist die Katze aus dem Sack", denkt Schrumpel und wirft der Frau einen störrischen Blick zu. „Von wegen: Bei mir wirst du es gut haben und wir werden viel Spaß zusammen haben. Den Menschen geht es immer nur um Geld, Gold und Karfunkelsteine!"

Die Frau wirft derweil einen letzten Blick auf Schrumpel, löscht das Licht und geht aus dem Zimmer.

„Da sind wir wohl gerade noch rechtzeitig gekommen", stöhnt Papa Wurzelzwerg.

„Lasst uns sofort beginnen! Ihr, meine Töchter, macht nun einen sanften Windstoß, der aber stark genug ist, das Fenster aufzudrücken", bestimmt der Feenvater. „Und wir", dabei klopft er Papa Wurzelzwerg aufmunternd auf den Rücken, „holen jetzt deinen Sohn da raus."

Die Feenmädchen fassen sich an den Händen und beginnen, in der Luft zu tanzen. Sowieso führt ihre Schwestern dabei an und trägt in einer Hand ehrfürchtig den gewundenen Zauberstab der Familie, sodass er mit der Spitze in den Himmel zeigt. Dazu singen die Feen mit zarten Stimmen eine schöne Melodie und Sowieso spricht ihre Beschwörungsformel:

„Ich, Sowieso, rufe: Wind komm herbei!
Pfeifend, so wie ein Adlerschrei!"

Blitzschnell richtet Sowieso die Spitze des Zauberstabes auf das Fenster, das sofort mit einem Schwung aufspringt. Der Wind weht ein paar Blätter in die Stube.

„Schnell", ruft der Feenvater.

Papa Wurzelzwerg packt einen Fuß von ihm und einen von der Feenmutter und sie fliegen los.

„Mein lieber Freund, bist du schwer", stöhnt der Feenvater und der Feenmutter, die so viel Gewicht nicht gewöhnt ist, tropft der Schweiß von den Flügeln. Langsam brummend schaffen die drei die

Strecke vom Fensterbrett hinüber zum Tisch, auf dem noch immer Schrumpel traurig in seinem Glasgefängnis hockt. Aber jetzt endlich entdeckt er den zartgrünen Lichtschein seines Vaters zwischen dem hellblauen Licht der Windfeen. Die Dunkelheit stört die Naturgeister nicht. Sie finden den Weg mit ihrem eigenen Licht, das sie ausstrahlen. Erleichtert und froh springt Schrumpel auf und ruft: „Papa, Papa!"

Ohne sich lange mit Schimpfen aufzuhalten, wie Schrumpel befürchtet hatte, macht der sich an die Arbeit und packt seine Seile und Haken aus.

„Hallo Schrumpel", lächelt sein Vater ihn an und wirft sogleich sein Seil nach oben, das mit dem Haken fest im Korken stecken bleibt. Mit einem kräftigen Zug reißt er am Seil, sodass das Glasgefäß schwankt und wankt und schließlich zur Seite kippt. Damit es nicht auf die Tischplatte knallt oder gar lautstark zerbricht und dadurch die Menschenfrau geweckt werden könnte, fangen die beiden bereitstehenden Windfeen das fallende Gefäß auf und halten es fest.

Schrumpel kriecht zum Korken und drückt, so fest er kann, von innen dagegen, während sein Vater draußen mit allen Kräften zieht und zerrt.

Plupp! Der Korken springt aus der Öffnung und Schrumpel krabbelt hastig aus seinem Kerker. Sogleich fällt er seinem Vater um den Hals, und die anderen auf dem Fensterbrett jubeln.

„Lasst uns so schnell wie möglich hier raus, bevor die Menschenfrau auf uns aufmerksam wird und zurückkommt", mahnt der Feenvater. „Zwei von euch können wir aber nicht auf einmal zum Fenster rüber schaffen", sagt der Feenvater nachdenklich zu Papa Wurzelzwerg. Der schlägt darum kurzerhand vor: „Bringt zuerst Schrumpel weg von hier, dann holt mich."

Gesagt, getan. Die Windfeen fliegen Schrumpel zu seiner Mutter, die ihn weinend vor Glück in die Arme schließt. Inzwischen packt Papa Wurzelzwerg sein Werkzeug wieder zusammen, damit er keine Spuren hinterlässt. Dann wird er auch schon von dem Windfeenpaar abgeholt und zu den anderen gebracht.

Schnurstracks fliegt das kleine Völkchen, so wie es gekommen, zurück in den Wald. Unterwegs wird viel geküsst, liebkost und freudig gelacht.

„Ach Schrumpel", flüstert Mama Wurzelzwerg, „ich bin ja so froh, dass ich dich wiederhabe! Ich wäre unendlich unglücklich, wenn du bei den Menschen geblieben wärst." Dann drückt sie ihn ganz fest und heiße Freudentränen kullern über ihre runden rosigen Wangen.

„Na Frau, lass mir auch noch etwas von unserem Sohn übrig", beschwert sich Papa Wurzelzwerg mit gespielter Strenge. Schrumpel reicht seinem Vater die Hand und sagt: „Papa, ich bin auch glücklich, wieder bei euch zu sein und ich will nie wieder von euch weggehen. Es tut mir so leid, dass ich euch Sorgen bereitet habe und ihr wegen mir weinen musstet. Ich werde in Zukunft nicht mehr trotzig und frech zu euch sein. Danke, dass ihr mich gerettet und zurückgeholt habt."

Papa Wurzelzwerg zupft sich gerührt an seinem Bart und auch in seinen Augen glänzt eine dicke Träne der Freude. Seine knorrige Nase wird ganz rot, und er schnieft: „Wir sind eine Familie. Ich

liebe dich, mein Sohn, und nichts kann uns auseinander bringen."
Glücklich umarmt Papa Wurzelzwerg seinen Sohn und Schrumpels
kleiner Bruder lacht.

Beim Baumstumpf der alten Buche einge-
troffen, feiern die Wurzelzwerge und die
Windfeen ein Fest, dass man das Singen,
Lachen und Scherzen bis hinunter zum
Bach hören kann. Papa Wurzelzwerg und
der Windfeenvater erzählen von den
alten Zeiten, als die Menschen sich noch
weniger in die Natur einmischten. Die
Windfeenmutter und Mama Wurzelzwerg
tauschen Rezepte aus und planen ein gemeinsames Waldfest. Und
die Jugend spielt Verstecken und musiziert.

Später sitzen Schrumpel und Sowieso am Bachufer, wo sie sich
zum ersten Mal getroffen haben. Schrumpel fragt Sowieso:

„Warum hast du mich eigentlich nicht mit einem Zauberspruch
befreit? Es wäre doch viel einfacher gewesen."

„Ich habe den Wind doch gerufen und nichts war hinterher mehr so wie zuvor", antwortet Sowieso ihrem Freund.

„Ja schon. Aber hättest du mit dem Wind mich nicht gleich befreien können, wenn du ihn stark genug gemacht hättest, um die Blätter so hoch zu wirbeln, damit die Menschenfrau mich erst gar nicht entdeckt? Oder der Beutel, in dem ich gefangen war, aus ihrem Korb gefallen und weggeweht wäre? Oder …"

„Dies kann der Wind nicht alles für dich tun. Er wendet die Blätter, die am Boden liegen, damit auch die andere Seite ans Licht kommt. So kann er auch dein Herz wenden, wenn du um Hilfe bittest", unterbricht Sowieso Schrumpel freundlich. „Weißt du, am Anfang steht das, wonach du dich von Herzen sehnst. Wenn du dir wünschst, dass sich in deinem Leben etwas ändert, musst du anfangen dich selbst zu verändern. Dann kann der Wind kommen und den Zauber des Lebens vollbringen."